Empujar y jalar

Sharon Coan

Créditos de publicación

Rachelle Cracchiolo, M.S.Ed., *Editora comercial*
Conni Medina, M.A.Ed., *Gerente editorial*
Jamey Acosta, *Directora de contenido*
Dona Herweck Rice, *Realizadora de la serie*
Robin Erickson, *Diseñadora de multimedia*

Créditos de las imágenes: Portada, pág. 1 ©Kuttig - People/Alamy; págs. 8, 12 ©iStock.com/Sharon Meredith; pág. 10 ©iStock.com/Ashok Rodrigues; págs. 11-12 ©iStock.com/hockeymom4; todas las demás imágenes de Shutterstock.

Library of Congress Cataloging-in-Publication Data

Coan, Sharon.
  Empujar y jalar / Sharon Coan.
      pages cm
  Audience: K to grade 3.
  Summary: "¿Empujar o jalar? Este libro te muestra cómo empujar y jalar ayuda a hacer actividades."
-- Provided by publisher.
  ISBN 978-1-4938-2961-3 (pbk.)
1. Force and energy--Juvenile literature. I. Title.
  QC73.4.C518518 2016
  531'.6--dc23
                    2015031095

Teacher Created Materials

5301 Oceanus Drive
Huntington Beach, CA 92649-1030
http://www.tcmpub.com

ISBN 978-1-4938-2961-3

Palabras para aprender

empujar

jalar